AF401177

DÉLIBÉRATION

DES

BOURGEOIS D'ALENÇON

Du 7 Décembre 1529

AU SUJET DE LA CONTRIBUTION IMPOSÉE A LA VILLE

POUR LA RANÇON

DES ENFANTS DE FRANÇOIS Ier

Extrait du Bulletin *de la Société Archéologique et Historique de l'Orne.*

ALENÇON

TYPOGRAPHIE RENAUT-DE BROISE

PLACE D'ARMES

—

1882

DÉLIBÉRATION

DES

BOURGEOIS D'ALENÇON

DU 7 DÉCEMBRE 1529,

*Au sujet de la contribution imposée à la ville pour la rançon
des enfants de François Ier*

Peu de villes durent ressentir plus fortement que celle d'Alençon le contre-coup du désastre de Pavie (1). Le duc d'Alençon Charles IV, époux de Marguerite d'Angoulême, sœur unique de François Ier, y commandait l'arrière-garde. Voyant que tout était perdu, il ordonna de battre en retraite par le pont du Tessin qui un instant après fut occupé par l'ennemi. Cette manœuvre sauva les débris de l'armée, mais fut blâmée par plusieurs de ses officiers, plus soucieux des traditions chevaleresques que de la vie de leurs soldats (2). On alla jusqu'à accuser de lâcheté ce prince

---

(1) Les minutes des tabellions d'Alençon nous font connaitre avec les noms de quelques uns des domestiques du duc Charles IV, présents à la bataille de Pavie, un incident caractéristique qui se produisit au moment de la déroute. Etienne Barré, son sommelier, avait confié, avant la bataille, à Jean Ferré, grainetier de Verneuil et depuis resté au service de la duchesse d'Alençon avec le titre de secrétaire du roi et de la reine de Navarre, une somme de vingt écus d'or au soleil. Ce dernier avait déposé cet argent dans la boîte qu'il portait avec lui ; mais soit qu'il eût été blessé, soit qu'il craignît d'être fait prisonnier, dans le sa‑ ‑qui-peut qui suivit la prise du roi, il remit sa boîte à un écuyer de cuisine de Mme la marquise de Montferrat (sœur du duc d'Alençon), qui plus tard la lui rendit. En 1529 seulement, les vingt écus d'or dont Jean Ferré avait était constitué dépositaire furent remis à la veuve d'Étienne Barré, alors remariée à Jean de Torcy, écuyer.

(2) Parmi les officiers sous les ordres du duc d'Alençon qui refusèrent de le suivre et qui tombèrent au pouvoir de l'ennemi, on cite : Claude d'Annebaut, baron de Retz, le baron de Trans, Montéjean et le sieur de la Roche-du-Maine qui avait succédé à François de Silly, seigneur de Lonrai, mort pendant les travaux du siège de Pavie, dans la charge de lieutenant de la compagnie des gens d'armes du duc d'Alençon (Odolant Desnos, *Mémoires historiques sur Alençon*, t. II. p. 252.

qui pour la quatrième fois (1) avait pris une part glorieuse aux campagnes d'Italie et passé la moitié de sa vie dans les camps. Quelques uns des survivants de Pavie ne craignirent pas de rejeter sur lui la responsabilité d'un désastre dont il s'était efforcé de limiter l'étendue, après avoir remporté un sérieux avantage au commencement de la bataille. L'orgueil national profondément humilié par la captivité du roi, qui non seulement personnifiait la patrie, mais que le malheur avait rendu encore plus sympathique, se plut à rejeter sur son principal lieutenant la honte d'une défaite due surtout à François Ier lui-même, aussi brave chevalier que mauvais général. Le connétable, déjà trop vengé par le succès qu'il venait de remporter, eut ainsi la satisfaction de voir les Français abusés se faire les instruments de sa rancune (2) et imprimer une injuste flétrissure au nom de son

Mannoury dans ses *Mémoires de la Maison d'Alençon*, publiés dans *l'Annuaire de l'Orne* de 1863, prête un rôle différent au sieur de la Roche-du-Maine :

« Après la mort du duc, le sieur de la Roche-du-Maine, lieutenant de sa compagnie de gendarmes s'offrit, pour la réputation de son maitre défunt, à soustenir par les armes et à montrer par raison que ce que le duc avoit fait dans cette action avoit été bien fait et à propos; d'autant, ce disoit-il, que contre le gré et volonté du duc, son capitaine, qui vouloit combattre à toutes forces, il l'en avoit empesché et le devoit aussi faire, parce que luy qui étoit praticien aux affaires de la guerre voiant la victoire entièrement désespérée, jugea qui se falloit accommoder à la nécessité et au besoin des affaires présentes, dit Paul Jove, dans la *Vie du marquis de Pescaire*. »

Les anecdotes historiques qu'il ne faut jamais accepter que sous bénéfice d'inventaire, peuvent néanmoins, à travers leurs mille variantes et leurs contradictions, mettre parfois en lumière certains détails caractéristiques. L'anecdote relative à La Roche-du-Maine a ainsi pris place dans *l'Histoire de François Ier* par Varillas (livre V, p. 409), avec une variante qui tout en la modifiant n'en détruit pas le fond. « La Roche-du-Maine, dit-il, n'ayant pu détourner le duc de sa lâche résolution le quitta et s'alla jeter dans l'escadron du roi où il fût pris. Les Espagnols qui le tenaient admirèrent sa modestie, en ce qu'au lieu de parler au désavantage du duc d'Alençon, il employa cette liberté de langage qui l'a rendu si fameux dans l'histoire, pour tâcher de leur persuader que le duc avait eu raison de se retirer. »

(1) En 1507; en 1509 à la bataille d'Agnadel où il combattit dans le corps de la bataille conduit par le roi; en 1514 à la bataille de Marignan où il commandait l'arrière-garde, enfin en 1525,

(2) En 1521, lorsque François Ier eut commis l'imprudence de froisser l'amour-propre du duc de Bourbon en donnant le pas sur lui à son beau-frère le duc d'Alençon, le connétable s'en vengea par ce brocard Italien : *Que un huomo pazzo e codardo era preposto a lui.* — On sait que lorsqu'il eut consommé sa trahison, le roi en fut averti par Jacques de Matignon et par d'Argouges, et que François de Silli, seigneur de Lonrai, fut chargé de saisir la baronnie de Laigle sur René de Brosse, complice du connétable.

rival. Accablé de fatigues, de douleur et de désespoir, le duc d'Alençon mourut peu de jours après son arrivée à Lyon (1), le 11 avril 1525, à l'âge de trente-cinq ans. Son corps déposé en l'église de Saint-Just-de-Lyon, fut apporté à Alençon le mercredi des Rogations de la même année. Il fut inhumé au caveau des ducs d'Alençon, en l'église de Notre-Dame, « à moult regrets, pleurs et clameurs très douloureux de ses sujets et de la grande assemblée d'autres gens, prélats et seigneurs qui y assistèrent (2) ».

Avec Charles IV s'éteignit la lignée des ducs d'Alençon, issus de saint Louis, qui presque tous avaient noblement servi la France. Charles II, avait été tué à Créci, en 1346; Jean 1er, à Azincourt, en 1415; Jean II, avait bravement combattu aux côtés de la Pucelle qui l'appelait « son gentil duc. » La duchesse ne fut pas seule à le pleurer. Sa mort fut une perte pour les habitants d'Alençon, parmi lesquels il laissa la réputation d'un prince prudent, modeste et libéral (3).

Charles IV n'ayant pas eu d'enfants de son mariage avec Marguerite d'Angoulême, le duché d'Alençon et le comté du Perche furent déclarés réunis à la couronne, par arrêt du parlement de Rouen, rendu en 1525. La duchesse de Vendôme et la marquise de Montferrat, sœurs du duc, réclamèrent contre cet arrêt et revendiquèrent, comme biens propres de leur famille, les terres de l'ancien comté d'Alençon, se fondant sur les termes mêmes de la donation faite par les héritiers de Robert IV, dernier comte d'Alençon de la maison de Bellème et de Montgommeri. Elles prétendaient que ces terres, sans perdre le caractère de biens patrimoniaux, étaient passées dans les mains de Philippe-Auguste, à titre personnel et qu'elles n'étaient pas entrées dans le domaine de la couronne. Ces prétentions ne pouvaient être admises. L'affaire ayant été appelée, le duché d'Alençon, avec le comté du Perche, furent adjugés définitivement au roi, à la réserve des biens patrimoniaux de Charles IV, que ses sœurs se partagèrent (4).

(1) Le duc d'Alençon expédia encore à St-Just près Lyon, le 14 mars 1525, les lettres de provision de la charge du bailli d'Alençon qu'il donna à René de Silly, frère de François de Silly, qui avait assisté à la bataille de Pavie,

(2) Epitaphe de Charles IV (Odolant Desnos, t. II, 253). La duchesse d'Alençon lui fit élever un tombeau en marbre blanc, détruit en 1793, dont un fragment a été recueilli par M. L. de la Sicotière.

(3) Odolant Desnos, t. II, p. 523.

4) Ibid.

C'est sans doute à l'occasion de ce procès, et en tous cas c'est certainement à cette époque, qu'un conseiller au Grand Conseil, Antoine du Bourg (1) fut envoyé à Alençon, par la reine régente avec une commission spéciale pour y faire l'inventaire des Archives du duché d'Alençon qui furent transportées à Paris et déposées à la Chambre des Comptes (2).

Dès le 10 mai 1525, un mois à peine après la mort de son mari, Marguerite d'Angoulême avait été mise par une charte de Louise de Savoie, sa mère, régente du royaume, en possession de l'usufruit du duché d'Alençon, comté du Perche et baronnie de Châteauneuf. Deux jours après, par lettres patentes en date du 12 mai, la duchesse publiait une confirmation générale de tous les officiers du duché. Le 9 juin, la reine régente accorda à la duchesse sa fille, le produit du grenier à sel d'Alençon, des droits de quint et de la gabelle de Domfront. Enfin le 13 juillet la duchesse conclut un accord avec ses belles-sœurs, au sujet des droits qu'elles avaient en la succession du duc Charles IV (3).

Sur ces entrefaites Marguerite avait été désignée par la régente pour aller en Espagne activer les négociations relatives à la délivrance de François Iᵉʳ. Aimée de la Fayette, dame de Lonrai veuve de François de Silli, l'accompagnait. Elle s'embarqua à Aigues-Mortes pour Barcelone, le 27 août, et de là se rendit à Madrid. En même temps Jean Brinon, chancelier d'Alençon, avait été envoyé en Angleterre en qualité de ministre plénipotentiaire, pour détacher Henri VIII de son alliance avec Charles-Quint et le détourner de son projet d'envahir la Normandie avec l'armée qu'il avait réunie à Douvres, mission dont il s'acquitta avec un plein succès. Il n'entre pas dans notre plan de suivre les péripéties de ces négociations, ni même de rappeler les deux projets d'évasion préparés par Marguerite. Personne n'ignore que dans cette circonstance, comme toujours, la duchesse

(1) Antoine du Bourg après avoir rempli les fonctions de président du Conseil de régence, fut nommé, en 1555, chancelier de France. Il eut part à la rédaction de l'édit de tolérance rendu à Couci la même année.

(2) *Archives de l'Orne*, série H, Fonds de la léproserie de Saint-Ladre. « Procès-verbal de la visitation et rapport du lieu auquel sont les chartres, titres et enseignéments du duché d'Alençon, 1557 ». J'ai donné un extrait de ce procès verbal dans les *Ephémérides Alençonnaises*, qu'a publiées le *Courrier de l'Ouest*, (13 octobre 1881).

(3) Inventaire des titres de la Layette d'Alençon, 1667. *Archives Nationales*, KK 893, fᵒˢ 13, 25, 38, 45, 46, 47.

d'Alençon fit preuve d'un dévouement absolu pour son frère. Elle eût même été heureuse, de se sacrifier pour lui. Pourvu qu'elle pût le faire sortir de prison, « peu lui importait, disait-elle, ce que l'on ferait d'elle. L'empereur pourrait, s'il le voulait, la faire enfermer dans un monastère pour le restant de ses jours (1) ».

Le 14 janvier 1526, François Ier, fut contraint de signer le traité de Madrid, par lequel outre la cession de la Bourgogne, il s'engageait à laisser deux de ses fils aînés en ôtage jusqu'à l'exécution du traité. Le 16 février suivant, la reine régente fit expédier des lettres patentes ordonnant qu'une aide extraordinaire de 600,000 livres fût ajoutée à la taille, comme on l'avait fait l'année précédente. La part contributive de la Normandie, « élection d'Alençon, comté du Perche, prévosté de Chaumont et accroissement de Magny, comprins Ponthoise », fut fixée à 146,568 livres, plus 2,082 livres pour les taxes des élus et receveurs. En conséquence les Trois Etats de Normandie furent convoqués à Rouen le 1er mars, et des commissaires furent désignés « pour leur remonstrer les affaires du Roy qui touchent le grant bien et utilité de luy, son royaulme et de tous les subjets, et iceulx requerir très-instamment, de par le Roy, qu'ils veuillent liberallement octroyer la dicte somme et en faire l'assiette et département en la manière accoustumée (2) ».

Le mariage de Marguerite, sœur de François 1er, duchesse d'Alençon, avec Henri, roi de Navarre, célébré le 27 janvier 1527, eut pour conséquence de remettre les affaires de la France sur un meilleur pied. A cette occasion François 1er accorda à la nouvelle reine des lettres de confirmation du don de l'usufruit du duché d'Alençon et comté du Perche (3). L'important pour les vassaux du duché c'était que cet évènement ne donnât lieu à aucune nouvelle aide ; et rien n'indique qu'ils aient eu à acquitter une contribution extraordinaire en 1527. Les circonstances étaient d'ail-

---

(1) Rapport de Clément Le Champion, cité par M. Paillard, dans son mémoire intitulé : *Projets d'évasion de François 1er*, publiés par la *Rev. Hist.* t. VIII, (p. 310). — Je dois faire remarquer que la connaissance de la trahison de Le Champion n'a pas aussi complètement échappé aux historiens du siècle dernier que le pense MM. Paillard. Odolant Desnos (t. II., p. 258), donne des détails sur ce triste personnage qu'il désigne sous le nom de Capin, et sur le motif ou le prétexte qui l'engagea à trahir le roi.

(2) *Captivité de François Ier*, par A Champollion, (p. 490).

(3) Odolant Desnos, t. II, p. 26.

leurs assez critiques pour que toutes les ressources de la France fussent exclusivement réservées aux besoins de la patrie. Le moment était venu où les plus grands sacrifices allaient être nécessaires pour échapper aux dures conditions imposées par le traité de Madrid. Cette idée patriotique se fit jour dans l'assemblée tenue à Cognac, où le traité de Madrid fut dénoncé comme inacceptable, dans l'assemblée des Notables réunie à Paris au mois de novembre 1527, et dans l'assemblée des présidents et conseillers des parlements de Paris, Rouen, Bordeaux, etc, du 18 décembre suivant, où il fut pris une délibération portant « que le roy pouvoit justement lever sur les sujets de l'Église, de la Noblesse, des villes franches et du peuple de son royaume, en France, Dauphiné, Provence et ailleurs la somme de deux millions d'or, pour la délivrance de ses deux fils le Dauphin et le duc d'Orléans, de laquelle somme on réserverait 1,200,000 escus pour employer à cette délivrance et des 800,000 autres le roi pourrait s'aider pour faire la guerre à l'empereur. »

Le 20 décembre 1527 eut lieu au Parlement une nouvelle assemblée de prélats, de princes, de gentilshommes, dans laquelle le cardinal de Bourbon, au nom de l'Église, offrit 1,300,000 livres. Le duc de Vendôme, au nom des membres de la Noblesse, offrit « non seulement la moitié de leurs biens, mais le tout, avec leurs corps, et leurs vies. » Le discours prononcé par le premier président au Parlement, au nom de son ordre, ne fut pas moins énergique. « Il fit voir par le sentiment des plus savants jurisconsultes, la nullité du traité de Madrid. Le prévôst des marchands, à genoux, avec les eschevins, dit au roy que s'il prenoit la résolution de retourner eu Espagne, la ville mettroit tout en usage pour l'en empescher ; que non seulement sa personne royale, mais aussi les princes ses enfants, estoient à la ville et qu'elle donneroit volontiers et avec affection et corps et biens pour procurer leur prompte délivrance (1). »

---

(1) L'expression naïve du sentiment patriotique qui se fit jour alors dans toute la France se retrouve dans la *Chanson sur la bataille de Pavie.*

> Qu'on fasse battre monnoie
> Aus quatre coins de Paris ;
> S'il n'y a de l'or en France,
> Qu'on en prenne à Saint-Denis.
> Que le Dauphin on amène
> Et mon petit fils Henri.

(Rey. *Histoire de la captivité de François 1er*, 1837, in-8°, p. 56).

Le 26 février 1528,, en conséquence de cette délibération, les
commissaires du roi demandèrent à la ville de Paris, la levée
d'une imposition de 100,000 écus. Une assemblée générale des
habitants fut convoquée à ce sujet et arrêta que la ville consentait
à donner la somme demandée par le roi, tout en le priant d'ac-
corder quelque modération dans le chiffre de cette imposition.
Le roi fit à la ville la remise d'un quart, à condition que cette
grâce demeurerait secrète, « pour la conséquence des autres
villes » (1).

Dans les provinces le Clergé et la Noblesse furent (2) convoqués
en assemblées particulières, par bailliages et par diocèses, pour ra-
tifier les promesses faites en leur nom par les Notables. C'est
ainsi qu'à Caen, le comte de Maulévrier, grand sénéchal de Normandie, lieutenant général et gouverneur de la province con-
voqua une assemblée de la Noblesse qui se tint dans la grande
salle de l'abbaye de Saint-Étienne de Caen. L'assemblée s'engagea à payer le dixième du revenu des nobles et possesseurs
de fiefs, s'opposant au reste à toute clause de démembrement
de territoire réclamée en vertu du traité de Madrid (3).

Quant au Tiers-Etat, dit Henri Martin, sans doute il eut
aussi des réunions provinciales, dans les pays d'Etats ; dans les
pays d'élection, chaque ville traita en particulier avec les gens du
roi. Nous ignorons si dans notre pays, les villes furent réellement
appelées à délibérer sur la contribution qui leur fut alors demandée et à en débattre le chiffre avec les commissaires du roi. En
ce qui concerne la ville d'Alençon, il ne paraît pas que ces
formalités aient été observées. La délibération qui sert de base
au présent travail fait connaitre simplement que le roi avait « voulu
mander aux bourgeois, manans et habitans de la ville et enclos
d'Alençon, qu'ils eussent à lui bailler la somme de mil livres, et

(1) Félibien, *Histoire de la ville de Paris*, t. I. p. 980,981

(2) Lettre de la reine régente au Parlement de Paris pour l'inviter à lever la
défense qu'il avait faite aux officiers des finances d'opérer le recouvrement de
l'aide votée par les gens d'église du diocèse de Bourges. (*Captivité de François
I*er, p. 499.)

(3) De la Rue. *Nouveaux essais historiques sur la ville de Caen*, t. II. (p. 357)
— La date indiquée en 1527, mais il faut lire sans doute 1527, vieux style, c'est
à-dire 1528. — L'état des nobles du Bas-Poitou qui firent devant les commissaires du roi, en février et mars 1529, la déclaration du chiffre de leur revenu,
pour l'assiette de l'aide du dixième, a été publié par la *Société de Statistique,
sciences et arts des Deux-Sèvres* (2e série, t. I, 1860-1861.)

au bailli d'Alençon les asseoir et cottiser sur eulx, sans aucun delay, pour subevenir et estre employés pour sa rançon et à la délivrance de messeigneurs les dauphin et duc d'Orléans. »

. Plusieurs « congrégations et assemblées » des habitants d'Alençon, convoqués à diverses fois, eurent lieu à ce sujet. Toutefois, « à raison des graves et comme insupportables affaires et frais qu'il avait auparavant esconvenu faire en la dicte ville, » à la date du 7 décembre 1529, les mille livres demandées à la ville n'avaient pas encore été fournies.

En dépit de leurs protestations de zèle, « comme vrais vassaulx, obéissans et fidelles serviteurs, pour trouver et recouvrer promptement la dite somme », il ne paraît pas que les habitants d'Alençon aient mis un empressement bien vif à acquitter cette imposition extraordinaire. Il ne faut pas oublier, en effet, qu'ils prétendaient être en possession non seulement des privilèges de franc alleu et de franc bourgage (1), mais encore de l'exemption des droits de fouage (2), monnéage, aides, etc. Mais ils devaient la taille au duc d'Alençon aux trois cas spécifiés par la coutume de Normandie : l'aide de chevalerie, l'aide de mariage et l'aide de rançon (3). Les habitants d'Alençon avaient eu soin de faire

(1) En vertu des lettres patentes de René duc d'Alençon, données en 1483 (Odolant Desnos, t. II, p. 415).

(2) Il résulte, en effet, d'un document intitulé *De foagis Normanniæ*, cité par Odolant Desnos, (t. II. p. 412,) et classé par M. Delisle dans le *Cartulaire normand* vers 1210, que l'Alençonnais et le Passais étaient exempts du fouage : *Foagium capiendum est in Normannia, in tertio anno ; ita videlicet quod duo anni præmittuntur sine foagis, et in tertio anno capitur...... Sciendum vero quod hæ terræ quitæ sunt de foagis ; videlicet totum feodum Britolii quicunque illud teneat et Vallis-Moritolii usque ad Petras-Albas, usque ad Doet-Herberti et tota terre de Passais et Alenconnii et Alenconensium usque ad Pissotum-Eraudi, et Molins et Bons Molins, et terra ad ea pertinens, et castrum de Aumenesche, in ballia de Argenton. In civitate de Lexoviensi, capietur foagium per manum episcopi Lexoviensis, et extra civitatem ut alibi capietur.*

(3) Les habitants de la vicomté d'Alençon eurent ainsi à acquitter en 1509 une contribution de 2,000 fr. lors de la majorité du duc Charles IV qui, deux jours après son évènement, épousa Marguerite, sœur de François 1er. Ils furent autorisés à faire eux-mêmes l'assiette et le recouvrement de cette somme (Inventaire des titres du duché d'Alençon. f° 26, verso *Archives, Nationales*). Quoique le mariage de Jeanne d'Albret, fille de Henri II, roi de Navarre et de Marguerite, duchesse d'Alençon, célébré le 4 juin 1541, contre la volonté du père et de la mère qui protestèrent de nullité n'ait pas été consommé, la princesse, alors âgée de onze ans ayant depuis épousé Antoine de Bourbon, duc de Vendôme, l'aide de mariage n'en fut pas moins levé sur les habitants de la vicomté d'Alençon. Aussi donna-t-on à ce mariage le nom de *Noces salées*, parce que les dépenses qu'elles entraînèrent

renouveler ce privilège de l'exemption de la taille. Charles IV et la duchesse Marguerite, son épouse, avaient en conséquence, sollicité et obtenu de François 1er, au mois de mars 1514, des lettres patentes déchargeant « tous ceux qui demeurent dans l'enceinte de la ville d'Alençon de toutes tailles, mises et à mettre, pour quelque cause et sous quelque prétexte que ce fût (1) ».

On ne doit, pas être surpris, que les bourgeois d'Alençon aient fait un accueil assez froid à l'invitation qui leur était adressée de contribuer aux charges imposées à la France par le traité de Madrid. Quoi qu'il en soit, le 7 décembre 1529, les habitants d'Alençon se réunirent au Palais, en assemblée générale, par devant René d'Amilly, lieutenant général du bailli. Me Jéhan Moynet, sieur de Neauphe, conseiller et maître des requêtes ordinaire des roi et reine de Navarre, duc et duchesse d'Alençon, prit le premier la parole et dit : « que pour éviter aux coustz, travail, pertes et dommaiges d'iceulx habitants, et pour nourrir paix, unyon et concorde entre eulx, son advis estoit que la dicte somme se debvoit prendre sur les deniers communs de la dicte ville. » Lui-même offrit d'avancer 100 livres et se fit fort de pareille somme, pour Guillaume Caignon, sieur de Vauloger, président de la chambre des comptes d'Alençon. René d'Amilly offrit de prêter à la ville la même somme « combien qu'il ne fût natif ne réellement domicilaire d'icelle. » Cet exemple de générosité fut imité par plusieurs des notables bourgeois.

Pour compléter cette somme de 1,000 livres, les habitants consentirent, à l'amortissement d'une rente de 62 sous 6 deniers remboursée au capital de 60 livres. Cette rente était assise sur une maison, située en la rue aux Goguez, fieffée précédemment à Guillaume Cardel. Cette maison dite de la « Marrie » ou de la « Mairerie », paraît avoir été le premier Hôtel-de-Ville d'Alen-

furent l'occasion d'une augmentation des droits de gabelle. L'aide de mariage fut acquitté par les nobles et par les gens du Tiers Etat dans la forme suivante René de Silly et Jean Caiget, vice-président de la chambre des comptes d'Alençon convoquèrent dans chaque chef-lieu des vicomtés du duché, les nobles et autres. Les nobles de la vicomté d'Alençon accordèrent 2,000 écus valant 2,250 livres et nommèrent six gentilshommes qui en firent la répartition. Les bourgeois accordèrent 1,027 livres 13 sols qui furent répartis par quelques-uns d'eux. » (Odolant Desnos, t. II, 406, 407).—Le Rôle de la noblesse du comté du Perche, payant l'aide pour le mariage de Jeanne d'Albret avec le duc de Clèves, en 1541, vient d'être publié par la *Revue Historique et Archéologique du Maine*. (t. VIII, 2e livraison).

(1) Odolant Desnos, t. II, 419.

çon (1). Plus tard les assemblées de ville eurent lieu dans le Palais, situé sur la place de ce nom.

Cette délibération des habitants d'Alençon, consignée dans les minutes du tabellionnage d'Alençon (2) qui renferment tant de documents précieux pour l'histoire m'a paru mériter d'être remise en lumière. Il m'a semblé que l'on pourrait trouver quelque intérêt à voir revivre dans son texte original cet acte important de notre histoire municipale. Parmi les 120 bourgeois d'Alençon qui y prirent part, il en est peu dont le nom ne puisse rappeler quelque souvenir, bien qu'un grand nombre des familles qu'ils représentent soient aujourd'hui inconnues. Cette revue des principaux habitants d'Alençon en 1529, fournissait l'occasion d'essayer de rassembler autour de leurs noms quelques uns des traits individuels dont l'ensemble caractérise la physionomie des ancêtres oubliés de nos contemporains. Les notes qui accompagnent ces noms sont dues, pour la plus grande partie, aux recherches laborieuses de M. Gabriel Darpentigny, attaché depuis près de dix ans aux Archives du département de l'Orne.

L. D.

(1) Il résulte d'un acte du 20 juin 1499, que Jean Bougis vendit à M Louis du Mesnil, prêtre, fils aîné de Jean du Mesnil, écuyer : 1° « Une maison nommée le Perrin, à prendre vers la maison de la Mairerye, depuis l'estache de la Gallerye, jusques au coing que on dict le fournil, joignant d'un costé une petite ruelle tendant de la rue du Chasteau à la rue aux Goguez » ; 2° une place de mesure assise en la rue aux Goguez, joignant d'un côté le Perrin, d'autre côté « la maison ou soulloit estre la Mairerye, que tient de présent Pierre Tessier ». (*Arch. Orne*, sérié E, famille Du Mesnil.) — On sait qu'une charte de Jean sans Terre, du 7 septembre 1199, avait donné à la commune d'Alençon, les statuts de celle de Rouen. (*Cartulaire Normand* p. 15, *Antiquaires de Normandie*, 2° série t. VI). La mairie d'Alençon, fut rétablie par Lou¹ XI au mois d'août 1473.

(2) Ces minutes sont conservées dans l'étude de notre confrère M. Racinet, notaire à Alençon. L'existence de la délibération de 1529 m'a été signalée par M. Despierres qui depuis longtemps prépare les matériaux d'une histoire de la faïencerie de Saint-Denis-sur-Sarthon.

Extrait des registres du Tabellionnage d'Alençon

Du mardy VII jour de décembre l'an mil cinq cent vingt-neuf,
au palais d'Alençon.

Comme le roy notre souverain seigneur ait voullu mander aux
bourgeoys, manans et habitans de la ville et enclos d'Alençon
qu'ils eussent à luy bailler la somme de mil livres tournois. Et
au bailly d'Alençon (1) (*) en son lieutenant les asseoir ou faire
asseoir et cottizer sur eulx, sans aucun delay, pour subvenir et
estre employée pour sa ransson et à la délivrance de messeigneurs
les dauphin et duc d'Orléans, ses enfans, détenus en Espaigne.
A quoy iceulx habitans comme vraiz vassaulx obéissans et fidelles serviteurs eussent volontairement obbey et pour trouver et
recouvrer promptement ladicte somme, fait pluseurs congréga-
cions et assemblées à diverses foys; mais à raison des grans et
comme insupportables affaires et fraiz qu'il avoit ou paravant
esconvenu faire à ladicte ville, n'avoit esté possible ausdits bourgeois et habitans encores fournir ne recouvrer lesdicts deniers,
combien qu'ilz eussent sur eulx assiz et cottisé la somme de cinq
cens livres ou autre grande partie desdictes mil livres, dont touteffoys aucune collection ne recueulte n'auroit esté faicte.

Pour à quoy mectre fin et faire ellection de collecteurs desdits deniers, aussi adviser de leurs aultres affaires, s'estoient de
rechief lesdicts habitans aujourd'huy congregez et assemblez au
lieu du palais dudict Alençon, par la semonce du clerc de ladicte
ville et au son de la cloche en la manière acoustumée par devant
noble homme maistre Réné d'Amilly, (2) sieur dudit lieu, licentié es loix, lieutenant général dudit bailly d'Alençon, par lequel
leur avoit esté faict ample remonstracion des choses devant dictes
donnant à entendre qu'il pourroit advenir telz affaires pressez
au Roy nostre sire qu'il vouldroit lever en plus avant sur eulx

(*) Réné de Silli.

que la dicte somme de mil livres, et sur le tout avoit voullu demander à iceulx habitans leur advis en particulier et faict escripre les noms et surnoms desdicts bourgeoys et habitans de ladicte ville et enclos d'icelle comme cy après sera déclairé.

Savoir faisons que par devant Pierre Clément, (3) Guillaume Laudier et Jehan Blondel tabellions jurés commins et establis en ladicte Châtellenie, furent présens en leurs personnes noble homme maistre Jehan Moynet, sieur de Neauphe, conseiller et maistre des requestes ordinaires des Roy et Royne de Navarre, duc et duchesse dudict Alençon, lequel a dict, que pour evyter aux coustz, travail, pertes et dommaiges d'iceulx habitans et pour nourrir paix, unyon et concorde entre eulx, son adviz estoit que la dicte somme se debvoit prendre sur les deniers communs de ladicte ville, soubz touteffoys le bon plaisir du roy nostre dict seigneur.

Et pour ce que à présent lesdits deniers ne y pourroient satisfaire et en actendant qu'il y en eust de receus, que quelque nombre d'iceulx habitans debvoient fournir et prester icelle somme, et quant de la part dudict sieur de Neauphe qu'il obéissoit et se consentoit prester bailler et fournir sitost qu'il seroit requis la somme de cent livres tournois et se faisoit fort pour noble homme maistre Guillaume Caignon (5) sieur de Vauloger et président des comptes d'Alençon qu'il bailleroit et presteroit autres cent livres, et ledict sieur d'Amilly, lieutenant général a pareillement dit desclairé et obbey prester cent livres, combien qu'il ne fust natif ne reallement domiciliaire d'icelle ville, Nicolas Barbier (6) et Jehan Lemaistre (7) pareillement obbey prester chacun cent livres et Guillaume Cardel (8) quarante livres tournois, au moyen que lesdicts Barbier, Lemaistre et Cardel qui avoient esté esleuz collecteurs pour faire la collection de ladicte assiecte, seroient deschargez et tenus exemptz de la dicte collection desdits cinq cens livres tournois ou aultre somme contenue en la dicte assiecte ; et Cleriadus Bouvet (8) et maistre Michel Moulinet ledit Bouvet soy faisant fort de Francoys de Sainct-Denys, (10) escuyer, eschevyns d'icelle ville promis prester cent autres livres. Et pour le regard de deux cens livres que nobles hommes maistres Gilles du Mesnil (11), sieur de Sainct-Denys et Guillaume le Coustellier, (12) sieur de Saye, avoient en aultre congrégacion faite ou paravant le jourd'huy, promis prester,

comme dessus a esté dict et advisé, que lesdicts tabellions se trans-
porteront par devers les dessusdicts du ⸱Mesnil et le Coustellier
pour faire déclaration de leur dicts voulloir et promesse : toutes
lesquelles parties font VIII ᵉ. XL l. t. et pour tant que encores
resteroit desdites mil livres la somme de VIII ˣˣ l. t. pour la
fournir, iceulx habitans, c'est assavoir lesdicts sieurs de Neauphe,
maistre Jehan Caiget (13), licentié es loix, conseiller ordinaire
desdicts duc et duchesse, maîtres Guillaume Thouars (14), Nicolle
Bisot (15), Guillaume Davarant (16), Nicolas le Renvoyze (17),
Macé Brière (18), Guillaume Laudier (19), Guillaume Farcy (20),
Pierres Martel (21), Colas Barbier, Jehan Lemaistre, Guillaume
Cardel, Richard Bouvier (22), Guillaume Glatigny (23), Pierres
Clément, Jehan Guede (24), Christofle Cormyer (25), Jehan Souil-
lart (26), Léonard et Jehan dicts de Torcy (27), escuyers, Mᵉ An-
thoine Gaultier (28), escuyer, fils de maistre Pierres Gaultier
escuyer, sieur du Mesnil, Jehan du Mesnil (29), escuyer, Noël
Clement, Cleriadus Bouvet, Guillaume Chalière (30), maistre
Michel Moulinet, Adrien Gaulard (31), Robert Bourgeon, Pier-
res Barbier (32), Pierres Mouton (33), Anthoine Barbier (34),
Jehan Blondel, maistres Jehan Juliotte (25), Francoys Lemaistre
(36), Symon Biseul (37), Anthoine De Bully (38), escuyer, Anthoine
Serézé (39), Richard Morel (40), Guillaume Liger (41), Jehan
Pichet, Paoul Coulombel (42), Guillaume Roussel, Jehan Chappe-
lain, Maignen, Jehan Boutet, Guillaume Mercier, Michel Gai-
gnard, Pierres Gruel, Jullien Maugny, Robin Juissel, Jacques
Marchand, Pierres Dutertre, Mathurin Bouju, Jehan Graffin,
Gilles Legendre (43), Paoul Champroux, Francoys Duperche
(44), Jehan Pigeon (45), Thomas Poullet, Loys Gaulnier (46),
Raulin Ferrant, Jehan Tetereau, Gillot Lescollier (47), Jehan
Quillet (48), Jacques Taunay (49), Pierres Bellou, Robert Besnyer,
Guillaume Petit, Guillot Paulmyer, Jacques Thouars (50), Michel
Marchepallu (51), dit Hyvette, Pierres Tessier, Jacques de Vieux,
Robert Berard, Richard Vaudoré, Collas Dibon, Pierres Mon-
tullé, Jullien Perier, Guillaume Le Hayer (52), Estienne Gilbert,
Jehan Lemaistre, maistre Vincent Joenne (53), Michel Du Nouyer
Thitus Aumouette, Richard Rocher, Georges Huvé, Léonard
Quentin, Claude Poullain (54), René Ducymetière (55), Jehan
Lemaistre, boucher, Guilleaume Gervesseaulx (56), Jehan Martel,
Mathurin Lemaistre (57), Ysrael Quenion, Bertran Bahuet (58),

Pierres Fourmentin (59), Francoys Pelet, Mathieu Leconte, Julien de Bernay, Collas Beudin, Grant-Jehan Delisle, Jehan Laisné (62), Léonard Ruel (63), Estienne Alix (64), tessier, Pasquier, Granger (65), Jehan Boutet, René Cherbonnier (66), Jehan Gillot, drappier, Pierres Tessier (68), fils de Nicolas, Guillaume Cheron (69), Raullin Cloustier, Jehan Passedouet (70), Thomas Collet (71), boucher, Thomas Lestournel, Guillaume Malassigné, Hébert Martin (72), Yvon Liger, Denis Tabur (73), Phelippin Lemarié, Raullin Legendre (74), Mathurin Cloustier (75) et maistre Michel Chardon, tous bourgeoys et demourans ou dict enclos d'icelle ville, présens à la dicte congrégacion : lesquels ont esté d'advis, conclud et délibéré faire vendicion de soixante deux sols six deniers tournois de rente foncière, que ledict Cardel estoit tenu et suject faire à la recepte desdits deniers communs d'icelle ville, à raison de la fieffe qui despièça lui avoit esté faicte d'une place de maison et héritaige scituée en la dicte ville nommée la Mairie en la rue aux Goguez et comme il est desclaré aux lettres de la dicte fieffe passées en ce tabellionnage.

Suyvant laquelle délibéracion se sont presentez tous les dessusdicts bourgeoys, lesquelz ont congneu et confessé, congnoissent et confessent, tant pour eulx que leurs successeurs, bourgeois de ladicte ville, avoir vendu, quicté, transporté et délaissé audict Cardel, ses hoirs, &, lesdits soixante deux sols six deniers tournois de rente, promectant la garantir vers tous. Icelle vendicion faicte par le prix de soixante livres tournois que ledict Cardel a promis et s'est obligé payer, bailler et délivrer touteffoys et par condicion donnée par ledict Cardel auxdits bourgeoys et habitans et à leurs dicts successeurs de pouvoir retirer ladicte rente dedans troys ans du jourd'huy en rendant &. Et les cent livres restans du parfournissement d'iceulx mil livres ledict Guillaume Chalière, recepveur desdicts deniers communs d'icelle ville, les a promis fournir et bailler sitost qu'il en sera requis, dedans huict jours prochain venans. A rabattré sur et tant moins du debet et réliqua des derniers comptes par luy renduz à icelle ville de l'entremise de ladicte recepte et sur ce qu'il peult devoir de présent à la dicte ville, lesquelz deniers ainsi promis prester ou advancer et les autres provenans desdicts soixante deux sols six deniers de rente et dudict debet de Chalière seront receuz et mis entre les mains dudict Bouvet, pour les porter au Roy nostre dist sei-

gneur ou à ses depputez quant à ce, qui sera tenu en apporter
descharge valable pour lesdicts habitans. Et s'il advenoit qu'ils
fussent en nécessité ou contrainctz de fournir oultre lesdites mil
livres autres deniers, et que ce fust le plaisir du dist roy nostre
sire, a esté conclud et accordé entre lesdits habitans s'aider de la
dicte assiecte sur eulx faicte, laquelle pour ladicte cause sera et
demourra en l'estat qu'elle est sans en faire aucune recueille ou
collection, sinon ou cas dessusdict, et que aucun ou aucuns des
habitans dudict enclos ne voulsissent agréer ces présentes, auquel
cas tels contredisans pourront, par toutes voyes, estre contrains au
payement du taux à eulx imposé par ladicte assiecte ; ces présentes neaulmoins desmourantes en leur force et vertu.

Et pour ladicte recollection faire esdits cas, ont lesdits habitans uniformement choisiz et esleuz Francoys Duperche et Joachim Picquart, pour la moitié dudict enclos d'icelle ville, a
prendre depuys la rivière de Briante jusques aux portes de Lancrel et de Sées, et pour le reste d'icelluy enclos Raullin Chauvin
(76) et Adrien Duperche, marchans de ladicte ville. Lesquels deniers qui seront ainsy baillez, advancez et prestez par lesdicts sieur
de Neauphe, lieutenant général président des comptes, les seigneurs de Sainct-Denis et de Saye, eschevyns, Barbier, Lemaistre,
et Cardel, iceulx habitans dessus nommez ont consenty et accordé qu'ilz soient remboursez et les premiers prins sur lesdits
deniers communs. Et pour ce faire ne sera sur iceulx deniers
aucune chose prinse ne levée, pour quelque affaire que ce soit,
que premier et advant tout ledict remboursement nayt esté faict.
Et à ce se sont lesdicts habitans obligez consentiz et accordez, en
leurs propres et privez noms, mesmes lesdictes sommes estre sur
eulx et chacun d'eulx cotisees, ou cas que sur iceulx deniers
communs ledict rembours ne soit faict, scavoir est la moictié dedans Pasques prochain venant et l'autre moictié à Noël prochain
de lors en suivant.

Et quant à ce obligèrent biens et héritaiges, renonçant &. Présens vénérables personnes maistres Paul de Cuissé, prebstre,
curé dudict lieu et Jehan Bachelot, prebstre, curé de la Place près
Sées, tesmoings à ce requis et appelez.

LAUDIER.

NOTES[1]

***

2. **Amilly** (Réné d'). — Écuyer, seigneur de la Galaisière, conseiller des roi et reine de Navarre, duc et duchesse d'Alençon et leur lieutenant général au bailliage dudit lieu, avait succédé à Michel de Saint-Aignan en 1527 ; il mourut en 1536 (de Courtilloles, *Chronologie historique des Grands Baillis du comté et duché d'Alençon*).

64. **Alix** (Etienne). — Le 8 mai 1527, Etienne Alix, avocat, bailla à André Louvel de Semallé diverses pièces de terre. (*Tab. d'Alençon*). — Famille protestante qui a fourni deux pasteurs à l'église réformée d'Alençon. (Odolant Desnos, t. 2, p. 513).

58. **Bahuet** (Bertrand). — Trésorier de la confrérie St-Nicolas en l'église Notre-Dame d'Alençon, en 1531 — Huissier de la Chambre des comptes et de l'échiquier en 1548.

34. **Barbier** (Antoine). — Bourgeois d'Alençon, vendit à Jean Thirault, une pièce de terre en pré, nommée la Noë-à-la-Dame, sise en la commune de Valframbert, 20 mars 1529. (*Tabellionnage d'Alençon*).

6. **Barbier** (Nicolas). — Est au nombre des habitants d'Alençon, présents à la reddition des comptes du receveur de ville en 1553. (*Arch. communales d'Alençon*).

32. **Barbier** (Pierre). — Avocat, était en 1535, administrateur de la confrérie de Toussaint, fondée en l'église ou chapelle de monsieur Sainct-Léonard. (*Tab. d'Alençon*). — Il assista en qualité d'ancien receveur de l'hôpital, à la lecture d'un nouveau réglement, donné à cet établissement par la reine de Navarre, le 5 janvier 1545. (*Marguerite d'Angoulême, son livre de dépenses*, p. 209.)

---

(1) Les numéros placés en tête de chaque note correspondent à l'ordre dans le quel se présentent les noms intercalés dans le texte de la Délibération des habitants d'Alençon.

37. Biseul (Simon). — Fut lieutenant du bailli de la seigneurie de Perseigne de 1501 à 1502. (*Arch. Orne*), série H. abb. de Perseigne). — Gilles Biseul, sieur de la Croix, fils de Léonard Biseul se signala au siège d'Ambrières en 1590 (O. D. t. 2, p. 360). — Famille protestante.

15. Bisot (Nicolle). — Était échevin de la ville, en 1524. — En 1529, Jacques de Saint-Denis, fils et héritier en partie de deffunt Guillaume de Saint-Denis, en son vivant sieur de More et d'Alonnes, vend, une pièce de terre nommée le Vaulerat, sise paroisse Notre-Dame d'Alençon, sur le chemin tendant à la Boissière, à maistre Nicole Bisot conseiller en cour laye, bourgeois d'Alençon. (*Tab. d'Alençon*).

9. Bouvet (Cleriadus), — Le 13 février 1529 (n. s.) Cleriadus Bouvet signe comme témoin à un acte par lequel Mariette Graindorge, veuve de Louis Barbier, transporte à fin d'héritage, à h. h. Jacques Becoys, garde vaisselle de la reine de Navarre, duchesse d'Alençon, les biens et meubles de son mari sis en la rue du Jeudi et la rue nommée la Court Vinaige et les Halles. (*Tab. d'Alençon*).

Il ne faut pas le confondre avec Cleriadus Bouvet, sieur de Vendelle qui vivait en 1540 (Odolant Desnos, t. 2, p. 485). On voit en effet par le compte de la confrérie de la Présentation de 1537 à 1539, qu'à cette époque Catherine Leboulleur était veuve de feu Me Cleriadus Bouvet, en son vivant administrateur de ladite confrérie. (*Arch. Orne*, série G).

22. Bouvier (Richard). — Le 25 juillet 1527, il fut témoin de la remise des clefs, des canons et des meubles du château d'Alençon, par Jean Poussard, sieur de Saie à Jacques Piloys dit de Montigny, récemment nommé capitaine du château. (*Tab. d'Alençon*). — Il est porté dans le *Livre de dépenses de Marguerite d'Angoulême* (p. 175), comme receveur des amendes de l'échiquier et receveur ordinaire d'Alençon, en 1548.

18. Brière (Macé). — On trouve en 1527, Macé Brière, bachelier en loix, lieutenant de monseigneur le bailli de Perseigne. (*Arch. Orne*, série H., abb. de Perseigne).

38 Bully (Anthoine de), sieur de Guéramé. — Est inscrit en 1548 et 1550 dans le registre de la confrérie St-Nicolas de l'église Notre-Dame d'Alençon, comme redevable de plusieurs rentes (*Arch. de l'Orne*, série G).

13. **Caiget** (Jehan). — Était vice-président à la Chambre des comptes d'Alençon en 1540, à l'époque du mariage de Jeanne d'Albret avec le duc de Clèves (O. D. t. 2, p. 406), et procureur général du duché en 1549. — Le *Livre de dépenses de Marguerite d'Angoulême* (p. 116), contient la mention d'une somme de 300 écus, remise à Robert Caiget, sieur du Pin, « pour la despense de bouche et les honoraires d'un conseiller du grand Conseil, M⁰ Escorive et du bailli d'Alençon, chargés par le roi d'une enquête sur les excès commis en la personne de Jehan Caiget, procureur général du duché d'Alençon, en 1548.

5. **Caignon** (Guillaume). — Guillaume de Caignon, maître des requêtes ordinaires du roi, président en l'échiquier d'Alençon, seigneur de Méhoudin, Antoigni, Monceaux, Pré-en-Pail, la Pouplière, le Ménil-Rollet, Val-de-Gourbe, Durcet, Sentilli, Bois-de-Commeaux, Haleine, Vauloger, la Noë et propriétaire de la sergenterie noble de la Ferté-Macé, épousa demoiselle Catherine des Buats et eut plusieurs enfants, sa fille aînée fut mariée à Jean de Moinet, sieur de Neauphe. « Le frère du président Caignon fut abbé de la Luzerne près Avranches où il a fait bâtir le logis abbatial et sur la porte sont gravées les armes de sa maison ». (*Arch. de l'Orne*, série E. — Famille de Jupilles).

8. **Cardel** (Guillaume). — En 1562, un Cardel, receveur des tailles de la ville fut décrété du prix de corps, « pour n'avoir pas empêché les violences commises par les huguenots envers le monastère de Ste-Claire d'Alençon ». (*Arch. de l'Orne*, série H. Ste-Claire d'Alençon).

30. **Chalière** (Guillaume). — Vendit le 23 février 1530, (n. s.), à Bertrand Bahuet et à Jacquette le Hayer sa femme, une maison qu'il possédait, rue aux Sueurs.

76. **Chauvin** (Raullin). — Bourgeois d'Alençon, est inscrit au registre de la confrérie de la Présentation Notre-Dame, de 1537 à 1538, avec Jehan Chauvin et Jehanne, sa femme, au lieu de Germain Bonvoust, pour une rente de 20 sols.

66. **Cherbonnier** (Réné). — Tessier, bourgeois d'Alençon, vendit en 1533, à Jean le Roussignol, ses droits sur un jardin assis à Alençon. (*Tab. d'Alençon*).

69. **Chéron** (Guillaume). — Famille protestante.

3. **Clément** (Pierre). — Figure comme tabellion avec Jean Gruel, son collègue, dans un acte de 1499. (*Arch. Orne*, série E). Famille du Mesnil.

75. CLOUSTIER (Mathurin). — Il se porta caution en 1530 et en 1533 pour des marchands de sel en détail, du payement du droit de gabelle. (*Tab. d'Alençon*). — Mathurin Cloustier, clerc de la ville d'Alençon, figure dans le compte de 1548 à 1553. (*Arch. communales d'Alençon*).

71. COLLET (Thomas). — Plusieurs membres de cette famille embrassèrent la religion protestante. Robert Collet, vicaire de St-Léonard et Thomas Collet, prêtre, « se firent huguenots vers 1560 ». La femme de Pierre Collet, est mise au nombre des religionnaires fugitifs dont les biens sont saisis. (*Arch. Orne*, série G).

25. CORMIER (Christophle). — Est inscrit dans le registre de 1537-1539, de la confrérie de la Présentation Notre-Dame, pour une rente de 14 sols et une géline assise sur une maison située rue de Sarthe. (*Arch. Orne, série G*).

Le nom de Cormier fut illustré au XVIe siècle par Guy Cormier, médecin du roi et de la reine de Navarre.

— Thomas Cormier, né vers 1523, fut conseiller à l'échiquier et député du bailliage d'Alençon aux États de Blois, il a laissé plusieurs ouvrages de jurisprudence.

42. COULLOMBEL (Paul). — Maître administrateur de la Maison-Dieu d'Alençon, bailla à ferme à Joachim Picard, une pièce de terre assise en la paroisse de St-Rigomer, le 6 avril 1530. (*Tab. d'Alençon.*)

16. DAVARANT (Guillaume). — En 1538, un tabellion de ce nom exerçait avec Guillaume Laudier.

55. DUCYMETIÈRE (René). — Bourgeois d'Alençon, acheta le 10 novembre 1529, une coupe de bois dans la forêt d'Écouves. (*Tab. d'Alençon*).

— En 1537, sa veuve faisait 5 sols de rente à la confrérie de la Présentation Notre-Dame d'Alençon. (*Archives de l'Orne, série G*).

11. DU MESNIL (Gilles). — Ecuyer sieur de Saint-Denis, nommé en 1516 lieutenant général du bailli, et démissionnaire en 1524, fut ensuite pourvu de la charge de conseiller, maître des requêtes de Marguerite d'Angoulême, duchesse d'Alençon, 1525. (*Arch. Orne*, série H. Ste-Claire d'Alençon).

En 1529, il exerçait la charge de vice-président des comptes. (*Tab. d'Alençon*).

La fin tragique de Jacques du Mesnil, fils de Gilles du Mesnil, assassiné à Argentan par Michel de Saint-Aignan, successeur de son père en la charge de lieutenant général, fait comme on le sait l'objet de la première nouvelle de *l'Heptameron* de la reine de Navarre.

29. Du Mesnil (Jehan). — Sieur du Pey, fut nommé, le 19 octobre 1552, par les délégués des gens des Trois États, assemblés en la convention tenue à Rouen, commissaire avec René le Sourt, receveur et Pierre Buhéré, contrôleur, pour faire dresser les étapes du passage des gens de guerre, en la vicomté d'Alençon afin, « qu'ils aient respectivement et chacun en son endroict, l'œil et regard de faire dresser et fournir icelles étappes, tant de blé, pain, vins, sildres, bœuf, mouton, foings, avoynes et aultres choses requises et nécessaires ». — Famille protestante. (*Arch. Orne,* série E. — Famille Du Mesnil).

44. Duperche (François. — En 1554, il fut commis et député pour faire la « recepte par le menu des vivres ou argent qu'il conviendra cueillir et lever sur les contribuables de la vicomté d'Alençon, pour la fourniture des étapes de gens de guerre » *(Arch. Orne,* série E. — Famille Du Mesnil). — Famille protestante.

20. Farcy (Guillaume). — Deux personnages du même nom vivaient à Alençon à cette époque : Guillaume Farcy, l'aîné, avocat en cour laye, mentionné dans divers actes de 1542 à 1553, et Guillaume Farcy, conseiller à l'échiquier d'Alençon, en 1548. *Livre de Marguerite d'Angoulême, son livre de dépenses* (p. 173), et ensuite conseiller au présidial, en 1553. (*Arch. Orne,* série G).

50. Fourmentin (Pierre). — « Viltrier », figure dans les comptes du Trésor Notre-Dame d'Alençon de 1559, comme ayant fait des fournitures à l'église (*Arch. Orne,* série G).

31. Gaulard (Adrien). — Avocat en cour laye, fait échange en 1529, d'une pièce de terre sise à Cerisay, avec Jehan Collet demeurant à Courteilles (*Tab. d'Alençon).*

46. Gaulnier (Louis). — Le 22 septembre 1527, Michau Gerouard, libraire, natif de la paroisse du Tilleul, gagea à Louis Gaunier aussi libraire, bourgeois d'Alençon, la somme de dix livres tournois, pour vendition et livraison de marchandises de librairie. (*Tab. d'Alençon).*

28. Gaultier (Antoine). — Cette famille avait été anoblie par le duc Jean II, par lettres données à Alençon le 20 juin 1450.

(Odolant Desnos, t, 2, p. 404). — Un Pierré Gauthier, était en 1549, écuyer d'écurie de la reine de Navarre, qui lui donna une gratification de 300 l. — *Marguerite d'Angoulême, son livre de dépenses,* (p. 166).

56. GERVESSEAULX (Guillaume). — Etait procureur du roi au bailliage d'Alençon en 1553. (*Arch. municipales d'Alençon*). — Suzanne Gervaisaux porta en mariage à Noël Lebarbier, le fief de Sonnel, situé près les anciens murs du parc d'Alençon. (O.D). — Famille protestante. Vers 1560, Catherine Gervaisaux, femme de Jehan Erard, dit Houssemaine, « preschait ordinairement à St-Blaise et depuis au jardin Rigereau et après dans le parc, au lieu appelé l'Aumosne » (*Arch. Orne*, série H. Ste-Claire d'Alençon).

67. GILLOT (Jehan). — Fut portier de la porte de Lancrel de 1548 à 1553 (*Arch. municipales d'Alençon*). — Famille protestante. Suzanne Gillot figure dans la liste des religionnaires fugitifs. (*Arch. Orne*, série C).

23. GLATIGNY (Guillaume). — Marchand, bourgeois d'Alençon prend à ferme la métairie St-Ladre, qui appartient à la ville et est fieffée par les échevins, en 1524 (*Arch. Orne*, série G).

65. GRANGER (Pasquier). — Fut greffier du bailliage d'Alençon, de 1542 à 1550 (*Arch. Orne*, série G). — La famille Granger figure parmi les religionnaires fugitifs (*Arch. Orne*, série C.)

24. GUEDE (Jean). — Fut échevin d'Alençon en 1524. (*Arch. Orne*, serie G).

53. JOUENNE (Vincent). — Cette famille a fourni plusieurs magistrats distingués à la ville d'Alençon ; on trouve en 1436, Nicolas Jouenne lieutenant du vicomte d'Alençon ; en 1553, Clément Jouenne conseiller au siège présidial. (*Arch. Orne*, série G). — « En 1560, Guillaume Jouenne, sieur de Glatigny, père de M. de Lanchal, et Clément Jouenne, défendoient l'église St-Léonard, et y alloit coucher, accompagné de plusieurs hommes, et faisoit dire la messe chez luy, où assistoient quelques uns catholiques dont il estoit asseuré, et ne peut empescher qu'en ce temps l'église ne fust rompue. » (*Arch. Orne*, série H. Ste-Claire d'Alençon).— On sait que Guillaume Jouenne, sieur de Glatigny, conseiller à l'échiquier et au conseil du duc d'Alençon, est auteur d'un ouvrage de controverse contre Théodore de Beze (O. D. t. 2, p. 537).

35. Juliotte (Jehan), — Le pénultième jour de novembre 1529, vénérable et discrète personne Charles Lemaignen, prêtre, curé de Saint-Laurent-de-la-Ferrière, doyen de Toussaint de Mortagne, vendit divers héritages à honnête homme et sage personne, Jehan Juliotte licentié en lois, avocat postulant en cette ville d'Alençon. *(Tab. d'Alençon).*

62. Laisné (Jehan). — Bourgeois d'Alençon, bailla à fieffe, le 28 décembre 1529, à Colin Mouton et à Julienne, sa femme, la moitié d'une maison sise à St-Pierre-de-Montsor, sur la rue tendant de la Porte de Sarthe à St-Ladre. *(Tab. d'Alençon).*

19. Laudier (Guillaume). — Figurait parmi les tabellions d'Alençon en 1521. — On sait que Charles de Sainte-Marthe, conseiller à l'échiquier d'Alençon, épousa Renée Laudier, « d'une très-bonne famille d'Alençon », dit Odolant Desnos, (t. 2. p. 546).

61. Leconte (Mathieu). — Epousa, en 1529, Jacquinne Dutertre, fille de feu Julien Dutertre. *(Tab. d'Alençon).* — Gabriel Le Conte, provincial des Carmes, probablement de la même famille, a publié de nombreux ouvrages d'histoire et de théologie.

12. Lecoustellier (Guillaume). — Dans une procuration du 27 juillet 1526, il est qualifié de sieur de Saye, notaire et secrétaire de madame la duchesse d'Alençon, greffier de son conseil, auditeur de ses comptes et son verdier d'Ecouves. *(Tab. d'Alençon).*

48. Legendre (Gilles). — Pâtissier, faisait en 1537 et 1539, vingt-cinq sous tournois de rente à la Confrérie de la Présentation N.-D., à cause de la maison où il demeure, sise en la rue de Sarthe. *(Arch. Orne,* série G).

74. Legendre (Raullin). — Boulanger, était en procès en 1529, avec les administrateurs de la Confrérie St-Etienne, en l'église Saint-Léonard d'Alençon. *(Tab. d'Alençon).* — Famille protestante.

52. Le Hayer (Guillaume). — Faisait en 1516, comme héritier de Thomas Le Hayer et sa femme, 14 sols huit deniers de rente au Trésor de l'église N.-D. d'Alençon, à cause de sa maison rue aux Sueurs *(Arch. Orne,* série G).

36. Lemaistre (François). — Dans son compte de 1546, le trésorier de la Confrérie du Saint-Sacrement, de l'église N.-D. d'Alençon, déclare avoir reçu « de mestre François Lemaistre, mestre de la confrérie Sainte-Croix, pour quatre torches baillées,

pour aller administrer les malades de peste et autres malades,
pour les dites quatre torches », la somme de 25 sols. *(Arch. Orne,
série G).*

7. LEMAISTRE (Jehan). — « Tessier en toiles », demeurant
rue du Jeudi, figure dans le registre du Trésor de N.-D. de 1514,
comme tenu de payer une rente de 5 sols, à cause de sa maison.
(Arch. Orne, série G.)

57. LEMAISTRE (Mathurin). — Apothicaire, tenait, en 1552, de
l'abbaye de Perseigne, le pré Rouillé, joute la rivière de Sarthe
et le chemin de la Fuie à la Fuie-aux-Vignes. *(Arch. Orne,
série H., abbaye de Perseigne).* — La famille Lemaître, figure
au nombre des religionnaires fugitifs.

17. LE RENVOISÉ (Nicolas). — Etait, en 1527. lieutenant du
bailli de Perseigne *(Arch. Orne, série H., abbaye de Perseigne).*
— Il devint plus tard, en 1549, lieutenant général en la vicomté
d'Alençon. *(Arch. Orne, série G., trésor N.-D. d'Alençon).* Une
demoiselle le Renvoisé figure sur la liste des religionnaires fugitifs après la révocation de l'édit de Nantes.

47. LESCOLLIER (Gillot). — faisait, pour feu Guillemin Leret
6 sols de rente à la Confrérie de la Présentation N.-D. d'Alençon.
(1537-1539). *(Arch. Orne, série G).*

41. LIGER (Guillaume). — Le 24 juillet 1546, une sentence fut
donnée par l'official de Sées, contre les sieurs Sevin, vicaire et
Caget, curé de Notre-Dame d'Alençon, appelés sur un scandale
arrivé à l'église, à cause de l'inhumation du corps de l'épouse de
deffunt Guillaume Ligier, que ledit Sevin se refusa d'accompagner
jusqu'à l'église des Dames religieuses Ste-Claire, prétendant
ignorer les privilèges accordés aux religieuses d'enterrer dans
leur église. *(Arch. Orne, série H. Ste-Claire d'Alençon).*

50. MARCHEPALLU (Michel). — Le 21 décembre 1529, Pierre
Adam, bourgeois d'Alençon, vendit à Michel Marchepallu dit
Hyvette, un jardin sis au faubourg de la Porte de Sées, joute la
ruelle des Jardins *(Tab. d'Alençon).*

21. MARTEL (Pierre). — Ce nom a été honorablement porté
par plusieurs personnages distingués de la ville d'Alençon.
(O. D. t. 2, p. 580). On cite particulièrement Pierre Martel,
secrétaire de la reine de Navarre, qui a laissé quelques poësies.
Est-ce le même personnage que celui qui figure dans la délibération de 1529, et que Pierre Martel qui épousa le 20 juin 1527

Françoise Roullers, fille d'un bourgeois d'Alençon (*Tab. d'Alençon*) ? — Famille protestante.

72. MARTIN (Hebert). — Dans la donation, faite par Charles IV duc d'Alençon en 1521, aux religieuses Ste-Claire, de l'île du Jaglolet, il est dit que cette île, formée par la Briante, joutait la « tannerie Hebert Martin ». Des tanneries existent encore dans ce quartier.

40. MOREL (Richard). — Dans le registre de la Présentation N.-D. d'Alençon de 1537-1539, Richard Morel, cabaretier, est inscrit pour une rente de 5 sols (*Arch. Orne*, série G). On trouve un Marin Morel, tapissier des roi et reine de Navarre, duc et duchesse d'Alençon de 1527 à 1530. (*Tab. d'Alençon*).

33. MOUTON (Pierre). — Praticien en cour laye en 1530, devint en 1533 greffier de la vicomté d'Alençon.

4. MOYNET (Jehan). — Voici ce qu'on lit dans une généalogie de la maison de Caignon, remontant à la seconde moitié du XVIIe siècle. « On a remarqué pour une maison ellevée en honneur et en biens qui ait si tost péri que la maison de Moinet, ils ont commencé à entrer en réputation par une action d'un des Moinet demeurant à Alençon, qui rechauffa le courage des habitants abattu par la peur et les arma et porta à leur defence, t par cette action lui seul préserva la ville du pillage et du depuis dans la ville, par excellence, ont eu nom les Sieurs et de présent la rue ou il demeuroit a gardé le nom de la rue Aux Sieurs ». — Le mémoire cité ci-dessus, nous apprend que les armes des Moinet étaient en l'église N.-D. d'Alençon, et aux religieuses... ?, en la grande église de Sées, au Chapitre des Jacobins d'Argentan, où le vicomte Moinet est inhumé. (*Arch. Orne*, série E. Famille Jupilles). — Jehan Moynet fut en effet un des quatre échevins qui ouvrirent les portes de la ville au duc Jean II en 1449. En recompense de cette action d'éclat, il fut anobli par lettres, datées du 5 décembre 1449. (O. D. t. 2, p. 404).

70. PASSEDOYT (Jehan). — Faisait en 1537, 5 sols 6 deniers de rente à la Confrérie de la Présentation N.-D. d'Alençon (*Arch. Orne*, série G).

60. PELET (François). — Etait greffier ordinaire de la chambre des comptes d'Alençon en 1529. (*Tab. d'Alençon*).

45. PIGEON (Jehan). — Le 1er Mai 1534, Jehan Pigeon, fils aîné et héritier de deffunt Jehan Pigeon, en son vivant chapelier,

bourgeois d'Alençon, fit un accord avec Gregore Ruel, aussi bourgeois d'Alençon (*Tab. d'Alençon*).

54. Poullain (Claude). — Un ciergier de ce nom figure en
1531 dans le registre des recettes et dépenses de la Confrérie
St-Nicolas, en l'église N.-D. d'Alençon, pour avoir employé huit
livres de cire et les avoir mises « en cierges et chandelles de bou-
gie ». (*Arch. Orne*, série G).

48. Quillet (Jehan). — Un membre de cette famille, Réné
Quillet fut, au XVII⁰ siècle, du nombre des protestants que la
révocation de l'édit de Nantes, força à s'expatrier.

63. Ruel (Léonard). — Est inscrit au registre de la Confrérie
de la Présentation N.-D. d'Alençon de 1537-1538, comme faisant
31 sols de rente au lieu de Sébastien Leboulleur en son vivant
écuyer. — On trouve un Léonard Ruel, échevin de la ville en
1566. (*Arch. Orne*, série G).

10. Saint-Denis (François de). — C'est probablement à un
membre de cette famille, vivant à la même époque, Léonard de
Saint-Denis, sieur des Garencières et de la Tirelière que se rap-
porte la plaisanterie racontée dans la cinquante deuxième nouvelle de *l'Heptameron*. Famille protestante.

39. Serezé (Antoine). — On trouve, en 1533, un Jean
Serize, tanneur, tenant une maison avec droit de tannerie et
droit d'aller à l'eau de Briante, joutant la rue aux Goguets.
(*Arch. Orne*, série H., abbaye de Perseigne). — Gilles Sereze,
prêtre, Pierre Bourdon, verrier, et Robert Brossard, écuyer, de
la verrerie de Perseigne, sont inscrits au registre de la Confrérie
de la Présentation N.-D. de 1537-1539, comme payant 20 sols de
rente. (*Arch. Orne*, série G).

1. Silly (René de). — René de Silly, seigneur de Vaux, Fon-
taine-Riant et Gaprée, avait été pourvu par le duc Charles IV,
comme on l'a dit plus haut, de la charge de bailli d'Alençon
(14 mars 1425). — Il fut plus tard nommé gouverneur du duché
d'Alençon et mourut dans un âge avancé, en 1558, (de Courtilloles, *Grands baillis d'Alençon*).

26. Souillard (Jehan). — Bourgeois d'Alençon était présent
au compte rendu par le receveur du Trésor Notre-Dame en
1516. — Guillaume Souillard est au nombre des protestants qui
vers 1560 brisèrent les portes du monastère de Ste-Claire d'Alençon et en chassèrent les religieuses. Abraham le Rouillé épousa

dans le monastère même Isabelle Souillard. *(Arch. Orne,* série H. St-Claire d'Alençon).

73. TABUR (Denis). — Etait orfèvre à Alençon en 1529, il fut comptable des deniers de la ville avant 1548. — Simon Tabur figure également comme orfèvre dans les comptes du Trésor de Notre-Dame d'Alençon de 1557 à 1559 : « A Symon Tabur, orfèvre, pour avoir mys et fourny à la petite croix vingt-quatre clous d'argent, chasse dorée au bas d'icelle et racoustré les autres endroits nécessaires, payé pour ce XXXV sous. »

« Audit Tabur pour avoir racoustré la grant croix, mys et fourny au bas d'icelle une petite Magdalaine avec vingt clous d'argent et refraichy ladicte croix, par prix faict, soixante dix sous, es présences de M⁰ Clement Jouenne licentié es loix, M⁰ Pierre Martel et plusieurs autres de ce LXX sous. »

49. TAUNAY (Jacques). — On trouve dans le registre du Trésor Notre-Dame d'Alençon en 1514-1516, un Jehan Taunay, sujet à cause d'une maison située rue de Sarthe, à fournir deux pots de vin au terme de Pâques. Cette rente en vin servait probablement à la distribution de vin qui était faite aux fidèles après la communion à Pâques et aux principales fêtes ; ainsi dans le compte de 1446, on trouve l'article suivant : « à Richard Guerin, pour quatre picheretz à servir à ladite église dont il y en a deux à vin et deux à eau ;

« Audit Richard Guerin, 4. s. 6 deniers pour sa peine d'avoir nestyé les pilliers d'estain et les plats et escuelles estant sur iceulx pilliers. »

Dans ce même compte Gerard Beuce est porté pour 50 « sols tournois pour avoir fourni quarante pots de vin pour les personnes qui ont communié à Pâques. »

Le compte de 1559 mentionne également un payement fait à un nommé Chesnay et autres « pour avoir dressé la table à distribuer le vin contre la chapelle My aoust, icelle esté emprunté par la ville, mesme la table des relicques près la Chapelle Perou et porté un grand banc à dossier et le tout reporté après la fête ; — Pour un poinczon de vin blanc achapté et qui a esté distribué tant le Jeudy absolu que à la communion de la feste de Pasques, payé la somme de X l. » *(Arch. Orne,* série G). — Odolant Desnos mentionne un Taunay, peintre en émail.

68. TESSIER (Pierre). — Le 2 avril 1530, Pierre Le Tessier,

bourgeois, marchand d'Alençon, fils de feu Nicolas, gagea payer à Michel Chardon, procureur de messire Nicolas de Varenne, prêtre de Ceaucé, la somme de 30 livres, au moyen de quoi ledit Chardon lui rendit « une robe d'écarlate simple, à usage de *femme, qui a autrefois servi, une petite chaine d'or du prix de* 100 sols, un dyamant en table et un autre petit en pointe etc. fait présence de Jacques de Vieux, écuyer et Pierre Adam demeurants en cette ville d'Alençon ». *(Tab. d'Alençon).*

14. Thouars (Guillaume. — Assista en 1524, en qualité de premier bourgeois d'Alençon, au bail à ferme de la métairie de St-Ladre, fait par les échevins à Guillaume Glatigny *(Arch. Orne* série H. Maladrerie St-Ladre). Il est douteux que ce soit le même personnage que Guillaume Thouars qui fut lieutenant général de la vicomté d'Alençon de 1524 à 1541.

50. Thouars (Jacques). — Est mentionné en 1528, comme possédant des immeubles en Montsor, au lieu de la Courtine, près la ruelle de ce nom. *(Arch. Orne*, série H.), abb. de Perseigne. — Pierre Réné Thouars, fut au siècle dernier, un jurisconsulte distingué d'Alençon.

27. Torcy. — Jean et Léonard dits de Torcy, écuyers donnèrent quittance le 28 octobre 1529 à Jean Desloges, écuyer, sieur de Chauvigny, de la somme de 70 livres tournois, par eux reçue en qualité de tuteurs de la fille mineure de feu Etienne de Torcy leur frère. *(Tab. d'Alençon).* — Jean de Torcy écuyer, et Françoise de la Haye, son épouse, donnèrent quittance, le 24 décembre 1529, à Jean Ferré, grenetier de Verneuil et secrétaire des roi et reine de Navarre, de la somme de 20 « écus d'or soleil », à eux remise par Léonardin du Bec, procureur de madame la marquise de Montferrat, « laquelle somme deffunct monseigneur le duc d'Alençon, premier mary de ladite demoiselle, avait mise en la boeste dudit Ferré au paravant la journée de Pavie, lequel Ferré avoit baillé ladite boeste en garde à Robert de Paris, écuyer de cuisine de ma dite dame la marquise. De laquelle somme de 20 écus d'or, ledit de Torcy s'en tient pour content et bien payé. » *(Tab. d'Alençon).* — Léonard de Torcy, valet de chambre de la reine de Navarre, reçut, en 1548, la somme de 337 écus d'or pour lui aider à solder la charge de capitaine du château d'Auvillard, qu'il venait d'acheter de Jehan Secondat. *(Marguerite d'Angoulême, son livre de dépenses, p. 119).*